J.M. Weber

Der Kampf der Revolution gegen die Souveränität des Papstes

J.M. Weber

Der Kampf der Revolution gegen die Souveränität des Papstes

ISBN/EAN: 9783742898555

Hergestellt in Europa, USA, Kanada, Australien, Japan

Cover: Foto ©ninafisch / pixelio.de

Manufactured and distributed by brebook publishing software (www.brebook.com)

J.M. Weber

Der Kampf der Revolution gegen die Souveränität des Papstes

Der Kampf der Revolution

gegen die

Souveränität des Papstes.

Von

L. R.

Danzig,
bei J. A. Weber.
1860.

I.

Die heutige Bewegung in Italien, die Begünstigung der Revolution, die gewaltsame Aufhebung von Verträgen, der Sturz legitimer Fürsten, das offene Vorbringen Napoleons und eines Theiles der Diplomatie zu Gunsten der Gesetzlosigkeit, eine unleugbare Aufregung in den Völkern — das sind Zeiterscheinungen, welche zu der Annahme einer bald bevorstehenden neuen Epoche für das Staaten= und Völkerleben berechtigen. Aber welcher Epoche? Einer solchen, in welcher die bis dahin anerkannten **Principien** selbst eine Umgestaltung erhalten sollen. An den Verträgen, auf welchen die jetzige Umgränzung der Staaten beruht, wird gerüttelt, das bisher so eifersüchtig festgehaltene Gleichgewicht Europas einer Abänderung zugeführt, die „vollendete Thatsache" und der „Volkswille" über die Souveränität der Fürsten gestellt, die Revolution zu einer legalen Bedeutung erhoben. Und diese neue Epoche mit ihren neuen Principien soll mit der Errichtung eines neuen italienischen Staates, und insbesondere mit der Theilung des Kirchenstaates ihren Anfang nehmen.

Kann man es dem Katholiken, welcher den Kirchenstaat als ein Eigenthum der Kirche betrachtet, verargen, wenn er dem „sic volo, sic iubeo" eines despotischen Willens, durch welchen der schönste Theil des Erbtheils Petri wie mit einem Federstriche von der Karte des päpstlichen Besitzthums gestrichen werden soll, seine ganze Aufmerksamkeit zuwendet? Wird er nicht Angesichts der gegenwärtigen Bewegung fragen müssen: Auf welchem Rechte beruht die Theilung des rechtmäßig erlangten, geschichtlich festgegründeten, durch Verträge anerkannten römischen Staatsgebietes? Oder soll denn jetzt der Volkswille das einzige Recht sein? Oder können angebliche höhere Interessen eine Rechtswidrigkeit rechtfertigen? An erster Stelle muß die Rechtsfrage stehen, und dann erst kommen die Interessen in Betracht. Aber gesetzt, diese werden über das Recht gestellt, steht dann nicht das Interesse der Kirche, welche ihre Glieder nach Millionen zählt, höher, als das einiger Insurgenten? Und wenn der Volkswille beachtet werden soll, warum beachtet man nicht den Willen von Millionen Katholiken? Gehören diese nicht zum Volke? Oder will man behaupten, daß die Katholiken kein Interesse daran haben, ob das weltliche Besitzthum des h. Vaters ungeschmälert bleibt oder nicht? Von welcher Bedeutung dieses Besitzthum für die Katholiken ist, haben die Manifestationen der Bischöfe und der katholischen Gläubigen deutlich genug dargethan. Nach ihrem Glauben wird die Kirche auch ohne alles weltliche Besitzthum bestehen — aber dasselbe erscheint ihnen wesentlich für die völlige Unabhängigkeit ihres geistlichen Oberhauptes. Diese Bedeutung wird dem Erbtheile des h. Petrus nicht etwa nur in der heutigen Zeit beigelegt. Nach dem Berichte des Protestanten Ranke sagte schon ein Redner auf dem Concil zu Basel: „Der Römische Papst ohne den Kirchenstaat stellt nur einen Diener der Könige und der Fürsten vor." Auch urtheilen nicht etwa nur die „Ultramontanen," daß der Papst zur gedeihlichen Ausübung seines geistlichen Amtes nothwendig eine weltliche Gewalt besitzen müsse, sondern das haben auch solche begriffen, welche man nicht zur klerikalen Partei rechnen wird. Hören wir das Urtheil eines französischen, eines spanischen und eines englischen Staatsmannes.

Thiers sagte in der französischen National-Versammlung im Oktober 1849: „Die katholische Einheit, welche eine religiöse Unterwerfung unter den christlichen Nationen verlangt, könnte kaum bestehen, wenn der Papst, welcher der Träger derselben ist, nicht in der entschiedenkſten Weiſe und nach allen Seiten hin unabhängig wäre, wenn in Mitte des Landes, welches die Jahrhunderte ihm verbürgt, welches alle Nationen ihm erhalten haben, ein anderer Souverän ſich erheben würde, ob Fürſt oder Volk, das machte keinen Unterſchied, um ihm das Geſetz zu diktiren. Für den Papſt giebt es keine andere Weiſe der Unabhängigkeit, als die Souveränität. Es iſt dieſes ein allgemeines Intereſſe von der äußerſten Wichtigkeit, vor welchem die beſonderen Intereſſen der Völker ſchweigen müſſen." Donoſo Cortes redete in dem Congreſſe der Deputirten Spaniens am 4. Januar 1849 alſo: „Ohne Zweifel iſt die geiſtliche Gewalt das Erſte bei dem Papſte, die zeitliche iſt eine Zugabe, aber eine unumgängliche Zugabe. Die katholiſche Welt hat das Recht zu verlangen, daß der untrügliche Ausleger ſeiner Dogmen frei und unabhängig iſt. Die katholiſche Welt kann es nicht mit vollkommener Sicherheit wiſſen, — wie es nothwendig iſt, — daß dieſer Ausleger frei und unabhängig ſei, wenn er nicht Souverän iſt, denn eine Souveränität allein iſt nicht abhängig. Deswegen iſt die Frage der Souveränität, welche ſonſt eine politiſche Frage iſt, in Rom eine religiöſe Frage. Rom und der Kirchenſtaat gehört nicht Rom an, gehört nicht dem Papſte, es gehört der katholiſchen Welt; die katholiſche Welt hat den Papſt als Beſitzer anerkannt, damit er frei und unabhängig ſei; und der Papſt ſelbſt kann ſich dieſer Unabhängigkeit nicht berauben." Laudsdowne, ein Haupt der alten Whigpartei, ſprach in dem engliſchen Oberhauſe: „Die Bedingung der Souveränität des Papſtes hat das Eigene, daß er in Beziehung auf ſeine weltliche Macht nur ein Souverän des vierten oder fünften Ranges iſt, wogegen er in Betracht ſeiner geiſtlichen Gewalt eine Souveränität beſitzt, die ihres Gleichen in der ganzen Welt nicht hat. Jedes Land, welches römiſch-katholiſche Unterthanen zählt, hat ein Intereſſe an der Lage des Kirchenſtaates und alle dieſe Staaten müſſen darüber wachen, damit der Papſt ſeine Gewalt ausüben könne, ohne daß ihm ein Hinderniß durch irgend eine weltliche Macht gesetzt werde, welches seine geistliche Gewalt fesseln könnte."

Aber nicht nur in den Parlamenten wurde die Nothwendigkeit des weltlichen Besitzthums des h. Vaters anerkannt, sondern die Revolutionäre selbst traten als die Verfechter des Erbtheils Petri auf. Dieselben „Freiheitshelden", welche im Hintergrunde der jetzigen Bewegung stehen, um vielleicht bald nach gut getroffenen Vorbereitungen zum Schrecken der im Schlepptau der Gesetzlosigkeit und Willkühr eines demokratischen Despoten befindlichen Welt, mit dem Dolche in der Hand offen hervorzutreten, haben vor zwölf Jahren, — der heutigen Bewegung zur Schmach — es zu beweisen übernommen, daß alles Gute für Italien von der dreifachen Krone kommt, daß Europa den Päpsten Freiheit und Frieden, Ruhm und Macht, Bildung und Weisheit verdankt, und daß die Nationen glücklich sind, so lange die Regierungen die päpstliche Autorität ehren. (S. das Werk: „Die Siege der Kirche in dem ersten Jahrzehnt des Pontificats Pius IX., von Jacob Margotti, 2te Auflage, übersetzt von Gams, Innsbruck 1860.) Gioberti, dieser Philosoph der „Rothen", schlug am 27. Mai 1847 einen politischen Bund vor, „um dem hl. Stuhle die weltlichen Besitzungen sicher zu stellen, welche so förderlich sind zum Schutze seiner unabhängigen Gewalt im Bereiche der Religion," und fügte hinzu: „Welches wäre wohl der Fürst, der es nur im mindesten wagte, die weltliche Macht des hl. Stuhles zu verletzen? Und wenn irgend einer sich dessen unterfänge, so würde nicht bloß Italien, sondern auch ganz Europa es nicht dulden." Ein anderer Republikaner Bianchi Giovini schrieb: „Der Papst ist Haupt der Religion und eines politischen Staates, jenes ist sein erstes Amt, über welches er nicht unterhandeln kann, und das zweite ist untergeordnet, aber er kann sein erstes Amt nicht ausüben in würdiger Weise, wenn er nicht frei ist, und wenn er nicht in einem von jedem äußern Einflusse freien Lande lebt."

II.

Es ist bemerkenswerth, daß die Anerkennung der Nothwendigkeit des päpstlichen Besitzthums eine allgemeine ist. Es ist diese Nothwendigkeit von den Fürsten, in den Parlamenten der verschiedenen Staaten, von den Völkern und selbst von den Häuptern der Revolution anerkannt. Noch bemerkenswerther aber ist es, daß der Widerspruch wohl selten sich so nackt und verabscheuungswürdig darstellt, als in dieser Anerkennung, welche man selbst auf unumstößliche Gründe stützte. Die Umsturzmänner, welche noch im Jahre 1848 Lobreden auf Pius IX. hielten und Hymnen sangen, denjenigen mit dem Bann von ganz Europa bedrohten, der die weltliche Herrschaft des Papstes antasten würde, und ihn wie mit einer Mauer umgeben wollten, um ihn auf seinem Throne zu schützen, hatten ihn bereits nach einigen Monaten in blinder Tollwuth vom Throne gestürzt und das Papstthum der weltlichen Regierung des Kirchenstaates entsetzt. Mazzini schrieb am 8. September 1847 an den Papst: „Vertraue Dich uns an, wir werden Dir eine einzige Herrschaft in Europa gründen, wir werden Dir thätige Stützen erwecken in der Mitte der Völker Europas," und alsbald hatte er die Fahne des Aufruhrs gegen den Papst aufgepflanzt, und ward der blutgierige Triumvir des anarchischen Roms. Napoleon I. erklärte: „Es ist ein allgemeiner Gewinn, daß der Papst weder bei uns, noch bei unsern Nebenbuhlern residirt, sondern in dem alten Rom, weit weg von der Gewalt der deutschen Kaiser, der Könige von Frankreich und Spanien, haltend das Gleichgewicht unter den katholischen Souveränen. Dieses ist das Werk der Jahrhunderte, und die Jahrhunderte haben es gut gemacht." Aber indem er sich für die Unabhängigkeit des apostolischen Stuhles aussprach, streckte er seine profane Hand gegen denselben aus, und zerstörte selbst „das Werk der Jahrhunderte." Napoleon III. hat das Programm seines Oheims wieder aufgenommen. Nur die Mittel zur Durchführung sind verschieden. Jener stützte sich auf sein Feldherrntalent und die sieggekrönte Macht seiner Heere, dieser auf sein diplomatisches Genie und auf die nach der Weltherrschaft ringende Macht der Revolution. So wie jener, ja noch entschiedener, offener hatte dieser als „treuer Sohn der Kirche" die weltliche Souveränität des Papstes in ihrem ganzen Umfange anerkannt. Noch vor einigen Monaten garantirte er dem hl. Vater den vollen Besitz des Kirchenstaates — und jetzt erklärt er dem von ihm selbst wiederholt und feierlich anerkannten Besitzstande des Papstes den Krieg. Zwar begnügt er sich noch damit, das überraschte Europa an den ersten Schritt seiner „Reform" zu gewöhnen. Die Nothwendigkeit der päpstlichen Unabhängigkeit wird von ihm noch nicht bestritten. „Vom religiösen Standpunkte aus", heißt es in der von ihm selbst oder unter seiner Inspiration abgefaßten Brochüre: „Der Papst und der Congreß," „ist es von wesentlicher Wichtigkeit, daß der Papst ein Souverän sei; vom politischen Gesichtspunkte aus ist es nothwendig, daß das Haupt von zweihundert Millionen Katholiken Niemanden angehöre, daß es keiner Macht untergeordnet sei, und daß die erhabene Hand, welche die Seelen regiert, durch keine Abhängigkeit gebunden, sich über alle menschlichen Leidenschaften erheben könne". Aber die weltliche Macht des Papstes soll eingeschränkt und geschwächt werden, — damit sie desto mehr erstarke (?!) „Je kleiner das Ländergebiet, desto größer wird der Souverän sein." Der Papst soll darum auf Rom beschränkt, und dieses zugleich durch den diktatorischen Willen des Imperators zum beschaulichen Klosterleben verurtheilt werden.

In der That muß man darüber erstaunen, mit welchen kühnen

Sophismen, mit welcher diplomatischen Gewandheit man die Fürsten und Völker für das neue Programm gewinnen will. Die Souveränität des Papstes soll größer werden, — darum will man ihm den größten Theil seines Besitzthums entreißen, und seinen Thron in einer vom wilden Treiben der „Freiheitsmänner" umgebenen lieblichen Oase festigen, in welcher es keine Armee, keine Justiz, kein Gesetzbuch gebe! Aber dabei drängt sich noch immer die Frage auf: „Mit welchem Rechte wird die weltliche Herrschaft des Papstes beschränkt"? Die Brochüre selbst gesteht es, daß die Insurrection in der Romagna „ein Aufruhr gegen das Recht" ist. Die „vollendete Thatsache" sei jedoch die Autorität, vor welcher sich das Recht beugen müsse.

Das soll also das neue Princip für das Staaten- und Völkerleben sein? Dann giebt es kein Recht mehr, dann ist die Willkühr, die Gewalt, die Revolution das einzige Recht. Das Princip im politischen Leben hat auch seine Geltung im socialen und sittlichen Leben. Man lasse nun aber in die Schichten des Volkes den Grundsatz eindringen: „Mache ein Unrecht zur vollendeten Thatsache, und es gewinnt die Bedeutung des Rechts", — und man hat damit der Immoralität die breiteste Grundlage gegeben.

Ist daher der Aufruhr in der Romagna gegen das Recht, so bleibt ihre Lostrennung vom Kirchenstaate trotz der vollendeten Thatsache eine Rechtswidrigkeit, gegen welche alle Fürsten und Völker schon um des dabei aufgestellten Principes willen ankämpfen müssen.

Es drängt sich aber noch eine andere Frage auf: Nachdem man die Souveränität des Papstes einmal angetastet hat, wird der Papst im Besitze von Rom bleiben? Man bemüht sich, die Fackel der Revolution in alle Theile Italiens zu schleudern — und alsbald werden wir vielleicht ihren hellen Brand in Rom sehen. Gilt dann nicht dasselbe Princip der vollendeten Thatsache? Wird dann nicht die Revolution wiederum die Autorität werden, unter welche sich das Recht beugen müsse? Man wird antworten: Napoleon will die Souveränität des

Papstes über die Stadt Rom — und sein Wille ist Gesetz. Leider haben wir Grund, dem napoleonischen Willen ein Mißtrauen entgegenzustellen. Wir erinnern uns an den Ausspruch eines bekannten Diplomaten: Die Sprache dient dazu, um die Gedanken zu verhüllen. Es muß dieses in Bezug auf die diplomatische Sprache wahr sein, denn ein in die Diplomatie tief Eingeweihter hat es gesagt. Napoleon ist der größte Diplomat der heutigen Zeit, und nie hat sich jener Ausspruch besser bewahrheitet, als in Bezug auf ihn. Aber darum werden wir auch zu dem Schlusse berechtigt sein: Napoleon hat die Nothwendigkeit der weltlichen Souveränität des Papstes offen anerkannt — und darum hegt er verhüllte Pläne gegen diese Souveränität. Wir sind dazu um so mehr berechtigt, als der Kaiser der Franzosen dem Papste noch vor Kurzem den ungeschmälerten Besitz der Romagna garantirt hat, und jetzt ohne Rücksicht auf jenes fürstliche Wort für die Lostrennung der Romagna in die Schranken tritt.

III.

Ein anderes Princip, auf welches sich die Theilung des Kirchenstaates stützt, ist der Volkswillen. Das Volk will sich von der weltlichen Souveränität des Papstes lossagen, und diesem Willen müsse Rechnung getragen werden. Aber seit wann hat denn das Volk das Recht, über die Throne zu verfügen? Bis dahin galt noch der Grundsatz: „Völker, seid gehorsam der Obrigkeit"! Jetzt soll es heißen: „Fürsten, gehorchet den Völkern"! Das Prinzip des Volkswillens ist eine Gefährdung aller staatlichen Ordnung. Gilt dieses Princip in Bezug auf Italien, so muß man es auch als ein Volksgesetz in allen anderen Staaten zulassen. Wehe aber dann den Fürsten, die dadurch aufhören, Regenten von Gottes Gnaden zu sein, und ganz von der Gnade des Volkes abhangen, die heute noch mit festem Scepter regieren und morgen vielleicht auf Grund eines mächtigen „volo" des Volkes das Scepter niederlegen müssen. Es giebt dann keine Souveränität, keine Legitimität mehr. Das Volk allein ist souverän, erhaben über göttliche und menschliche Gesetze. Das ist eine Sanctionirung der Anarchie. Keine Regierungsform kann bei einem solchen Princip bestehen. Der Volkswille ist launenhaft. Heute will das Volk die Constitution, morgen die Republik. Und auch in dieser müssen die regierenden Vertreter des Volks je nach dem souveränen Willen der Masse sich einem steten Wechsel unterziehen. Vor Kurzem war der Volkswille der Italiener nur gegen die Fremdherrschaft gerichtet, jetzt wüthet er gegen die einheimischen Fürsten und bald wird er unter Waffenklang den „gefeierten

Mazzini" einholen. Das Kind des Volkswillens, welches man in Italien großziehen will, wird alsbald wohlgenährt in die Fremde gehen — und den Dolch in das Herz derer stoßen, die ihm die Muttermilch zugesandt haben.

Aber ist denn die Lostrennung der Romagna vom Kirchenstaat wirklich der Wille des Volkes? Was nennt man das Volk? Ist es etwa der Pöbel, der Nichts mehr zu verlieren hat, dagegen durch die Revolution Alles zu gewinnen glaubt? Oder sind es die Ausländer, die sich hineingeschlichen haben und mit allen Künsten aufzustacheln suchen? Oder sind es die Diktatoren, welche gestützt auf die aus der Fremde zugeschickten Waffen eine Gewaltherrschaft ausüben? Oder ist es die piemontesische Regierung, welche den Italienern den Volswillen octroirt? Wie kann das Volk seinen Willen ausdrücken, so lange es unter dem Drucke der Revolutionäre steht, die jede Manifestation, welche ihren Plänen nicht entspricht, ersticken. Man schaffe die Wühler und die aus allen Theilen Italiens und aus dem Auslande zusammengelaufenen Waffenträger fort, man halte den Einfluß Piemonts fern, man lasse das Volk ganz frei und dann frage man, was das Volk, nicht der Pöbel, will.

Aber gesetzt das Volk will die Revolution, wer hat dasselbe zu diesem Willen gebracht? Die im Innern agirenden geheimen Gesellschaften und das Ausland. Schon seit langer Zeit haben die geheimen Gesellschaften unter den verschiedenen Namen des jungen Italiens, der punischen Sekte, der Freien, der Volksfreunde, des französisch-italienischen Comitats von Marseille u. s. w. das Volk bearbeitet um den Sturz der Regierungen herbeizuführen, und von Italien aus die sociale Republik nach ganz Europa zu verpflanzen. Anstatt das italienische Volk dem Einflusse dieser Ausgeburt der menschlichen Gesellschaft zu entreißen, und dadurch den Zunder zu allen Unruhen zu beseitigen, haben leider einige Regierungen den Revolutionsgeist in Italien genährt. Es wird die Revolution, auch wenn man sie bekämpfen will, mit solcher Nachsicht und Zärtlichkeit behandelt, daß sie, anstatt besiegt zu werden, nur Wege bereitet findet, um ihre Pläne auszuführen. Selbst die besten Absichten bleiben durch die Halbheit der Maßregeln erfolglos — und die Revolution dauert fort. Einige Regierungen suchen sogar die Revolution permanent zu machen. Namentlich hat England den traurigen Ruhm erlangt, daß es durch seine Diplomaten Europa in die Hände der „Fortschrittsmänner" überliefert. Lord Minto, der Gesandte Englands, in Rom, schloß innige Freundschaft mit Ciceruacchio, der an der Spitze der Volksbewegung stand, und mit anderen Häuptern der Revolution. Er versammelte die Wühler zum Gelage um sich, fand sich in den Räumen des berüchtigten „Römischen Cirkels" ein und war Einer der Vordersten, welche den Bau Pius IX. zertrümmerten (S. Margotti S. 219). Der englische Consularagent gehörte dem mazzinistischen Bunde in Rom an. Der englische Geschäftsträger in Neapel stand in den Reihen des Gesindels, welches auf den Gassen lärmte. Wir dürfen uns nicht wundern, daß der englische Premierminister, Lord Palmerston, dieser Großmeister aller Freimaurer des Erdkreises, keine Intervention zu Gunsten der entthronten Fürsten zulassen will, und sein ganzes Ansehen für die italienische Insurrection in die Wagschale legt. Denn Lord Palmerston ist ein Freund Mazzini's. Das Journal von Genf versicherte im Juni 1850, daß er mit diesem „Manne des Volkes" in einem schriftlichen Verkehre stehe. Das gewährt uns einen Einblick in die Pläne des englischen Premiers. Darum erklärte er am 6. Mai 1856 in der Sitzung des Unterhauses, daß Rom nie besser verwaltet wurde, als unter der Regierung Mazzini's, und darum bemüht er sich, diese „beste" Regierung wieder herzustellen. Daher seine beständigen Invectiven gegen die Regierung des Papstes, seine gegen Rom geschleuderten Klagen über die schlechte Verwaltung, seine Beschuldigung, daß, so lange sich die Administrativ- und Executivgewalt in den Händen der Priester befinde, die Dinge nicht gut gehen können. Der edle Lord erscheint als ein zweiter Cato, welcher seine parlamentarischen Deklamationen mit einem „ceterum censeo" schließt.

Aehnliche parlamentarische Feldzüge gegen Rom führten Russel, welcher die Tyrannei der päpstlichen Regierung für unerträglich hält, und Gladstone, welchem dieselbe unheilbar schlecht erscheint. Sie werden begleitet vom Beifall eines großen Theils des Hauses, und geben neuen Stoff zur ungezügelten Polemik der Journale. Vergeblich bemühte sich die „Giornale di Roma", die Beschuldigungen und Angriffe zu widerlegen. Die parlamentarischen und journalistischen Plänkeleien mußten fortgesetzt werden, um zu einem großen Kampfe gegen die päpstliche Regierung vorzubereiten.

Noch heftiger ist der diplomatische Kampf Sardiniens gegen den apostolischen Stuhl. Die piemontesische Regierung läßt keine Gelegenheit vorübergehen, um ihrer Feindseligkeit gegen den heil. Vater einen Ausdruck zu geben. Insbesondere nahm diese eine offizielle Form an in der dem Congreße zu Paris vorgelegten Verbalnote der sardinischen Bevollmächtigten, worin sie den Vorschlag machten, wenigstens in der Verwaltung die Legationen von dem Kirchenstaate zu trennen. Es finden sich darin die Grundzüge für die heutige revolutionäre Bewegung in dem Kirchenstaate. Säcularisation und Napoleonisches Gesetzbuch erscheinen ihnen als die beste Lösung des Problems. Im Hintergrunde dieser Vorschläge lag, wie der „Nord" berichtet, die Hoffnung Cavours, daß die Ausführung dieses Planes zu der Unabhängigkeit der Legationen und später zu deren Vereinigung mit Piemont führen würde. Zugleich hatte es die Note, wie Girardin bemerkt, auf die Zertrümmerung des Kirchenstaates abgesehen. Was aber in der Diplomatie verhandelt wurde, fand in der Presse eine Bearbeitung für das Volk. Heißhungrig griffen insbesondere die revolutionären, zumeist von Ausländern redigirten Blätter Piemonts diesen Stoff auf, um durch erneuerte Angriffe das Ansehen des apostolischen Stuhles zu schmälern und der Säcularisirung das Wort zu reden.

Darf es daher befremden, daß der seit vielen Jahren geführte diplomatische Krieg der englischen und sardinischen Regierung gegen die weltliche Herrschaft des Papstes und das permanente Feldgeschrei der

Tagesblätter das heiße Blut der Italiener endlich in Wallung und gegen eine Regierung, welche man ohne Unterlaß verächtlich macht, in Aufruhr bringt? Kann man da noch von freiem Volkswillen reden? Steht dieser nicht schon seit Jahren unter der Vormundschaft der englischen und sardinischen Diplomatie, sowie der radikalen Presse? Wird man es noch in Abrede stellen können, daß die Insurrection in der Romagna nicht durch den Volkswillen, sondern durch das frevelhafte Spiel des Auslandes hervorgerufen ist? Wenn Lord Feuerbrand die italienische Revolution in seinen Schutz nimmt, so tritt er nicht für das Werk des italienischen Volkswillens, sondern für sein eigenes Werk in die Schranken.

Noch mehr muß aber die Rücksichtnahme der Diplomatie auf den italienischen Volkswillen befremden, wenn man erwägt, daß die gegenwärtige Revolution nicht aus dem Schooße des italienischen Volkes hervorgegangen ist. Eine mit Sardinien verbundene Macht nahm den Kampf gegen Oesterreich auf, man zog dabei die italienischen Flüchtlinge zusammen, man vertheilte Waffen und rief zum Freiheitskriege gegen die „Fremdherrschaft" auf. Von Sardinien und der Lombardei aus wälzte sich die Lawine in die anderen Staaten, vergrub die Throne einheimischer Fürsten und verübt den tödtlichen Druck auf das Volk. Eine Kundgebung des Volkswillens ist unter solchen Umständen unmöglich, ja jede, auch die geringste Bewegung zu Gunsten der legitimen Herrscher wird gewaltsam niedergedrückt. Das ist also die gepriesene Freiheit des Volkswillens, welcher man Rechnung tragen will? Napoleon hat den Frieden gestört, durch ihn sind die Eruptionen des politischen Vulkans entstanden. Und jetzt, anstatt den Brand zu löschen, will er neue Pechfackeln hineinwerfen und sie sogar an den Thron des heil. Vaters legen.

IV.

Nicht ohne Grund umgeht man bei der heutigen Bewegung in der Romagna die Frage nach dem Rechte. Die Broschüre „Der Papst und der Congreß" hält sie selbst für rechtswidrig. Aber die Wiederherstellung der weltlichen Souveränität des Papstes in der Romagna sei eine Unmöglichkeit, unmöglich geworden durch die schlechte Regierung. Schon seit Jahren erhebt sich das Geschrei über die Starrheit der päpstlichen Regierung, welche jeder Reform widersteht. Der Graf Cavour sprach auf dem Pariser Congreß die bittersten Klagen gegen die römische Verwaltung aus. Walewski erklärte dabei, daß sich der Kirchenstaat in einer anormalen Lage befinde; der erste Bevollmächtigte von England glaubt, daß die Regierung des Kirchenstaates Inconvenienzen darbiete, aus denen Gefahren entstehen könnten, die zu beschwören der Congreß das Recht hat. Die Klagen gegen Rom werden in dem englischen Parlament fortgesetzt, und finden in der Presse einen Wiederhall. Die Journalistik prüft nicht, sie stützt sich auf die Autorität der Diplomaten, denen man eine genaue Kenntniß der Römischen Zustände zutraut. Damals könnte jenes Geschrei noch verzeihlich sein.

Daß man aber jetzt noch, nachdem der französische Botschafter in Rom selbst die Grundlosigkeit der Anschuldigungen nachgewiesen hat, in denselben Klagen fortfährt und in den Verleumdungen sogar eine Rechtfertigung für die Sanctionirung der Revolution finden will, liefert den Beweis, daß man sich absichtlich einer besseren Belehrung verschließt, und dem apostolischen Stuhle nicht gerecht werden will. Man räumt es zwar ein, daß die Reformen Pius IX. in den Anfängen seiner Regierung eine unermeßliche Tragweite gehabt haben. Aber nach der Römischen Revolution seien alle Verbesserungen zurückgenommen und sei eine Starrheit eingetreten, welche die Administrativ- und Executivgewalt zu der schlechtesten in der ganzen Welt gemacht habe. Hören wir dagegen, was Graf Rayneval, außerordentlicher Botschafter Frankreichs bei der Römischen Regierung, am 14. Mai 1856 an den Minister Walewski schrieb:

„Die verschiedenen Gewalten des (römischen) Staates sind sorgfältig von einander getrennt und begränzt. Bestimmte ministerielle Departements, verschieden in ihren Machtkreisen, sind gebildet worden, von denen jedes innerhalb seiner besonderen Sphäre thätig ist. Ein Ministerrath wurde unter dem Vorsitze des Staatssecretärs ernannt, und die Geschäfte wurden stets der Prüfung einer Discussion unterworfen. Gleichzeitig ist die größte Hochachtung vor der richterlichen Gewalt ausgesprochen und ausgeübt worden. Ein Staatsrath für die Vorbereitung der Gesetze, bestehend aus den in der Verwaltung erprobtesten Männern, wurde ernannt mit der Aufgabe, die Regierung aufzuklären, in Folge einer genauen Untersuchung aller von den ministeriellen Departements ausgearbeiteten Entwürfe. — Ein Finanzrath, zusammengesetzt aus Mitgliedern, welche von dem Souveräne, nach einer freien Wahl der Municipalräthe, ernannt worden, wurde besonders mit dem Geschäfte der Revision der Staatseinnahmen betraut. . . Die Gemeindeordnung war gleichzeitig der Gegenstand einer voll ständigen Reform. Die örtlichen Interessen beschäftigen in hohem Grade die Aufmerksamkeit des italienischen Geistes, und sind Gegenstand einer auffallenden Vorliebe. Es wäre schwer, diesem Bedürfnisse vollkommener zu entsprechen, als dieses in der neuen Organisation der Fall war". . . .

„Es sind nicht die Repräsentanten der Regierung, welche mit der „Verwaltung der Gemeinde" und Provinzialfonds beauftragt sind.

Diese Sorge ist einer vollziehenden Commission anvertraut, welche von dem Rathe, den sie repräsentirt, erwählt ist und welche während der ganzen Zwischenzeit von der einen Sitzung zu der anderen in Permanenz bleibt. Die Delegaten oder die Präfecten haben nur das Recht der Revision, und nehmen keinen unmittelbaren Antheil an der Verwaltung der provinziellen oder Gemeinde-Angelegenheiten. Dieses System ist schon der Gegenstand einer großen Anzahl verschiedener Verbesserungen im Kirchenstaate gewesen, zahlreiche Straßen — eine wichtige Wohlthat — sind gebaut und zahlreiche Fortschritte realisirt worden".

So widerlegte der Botschafter Frankreichs selbst in einem offiziellen Berichte die Klagen gegen alle Verweigerung der Reformen. Doch gehen wir noch näher in die päpstliche Verwaltung ein.

Bald nach dem Sturze der Mazzinistischen Gewaltherrschaft hatte der Papst ein „Motuproprio" erlassen, über welches die bei weitem größte Majorität der von der französischen Kammer gewählten Commission das Urtheil fällte, daß es ein sehr erheblicher staatlicher Fortschritt sei und die umfassendsten Gemeinde- und Provinzial-Freiheiten gewährte. Selbst Lord Palmerston mußte in der Parlamentssitzung vom 15. Juli 1856 eingestehen, daß das Motuproprio Einrichtungen enthalte, welche die Unterthanen des Papstes hätten zufrieden stellen können. Er konnte jedoch nicht umhin, die Verächtigung auszusprechen, daß dasselbe nicht in Ausführung gebracht sei, während schon im Jahre 1850 die Ausführung desselben durch zwei Edikte verkündet wurde.

Auf Grund dieses Motuproprio besteht die gegenwärtige Staatsverwaltung des Kirchenstaates aus einem Kriegsministerium, Finanzministerium, Ministerium des Handels, der öffentlichen Arbeiten u. s. w. und Ministerium des Innern, welche zusammen den Ministerrath bilden, an dessen Spitze der Staatssekretär steht. Außerdem giebt es einen Staatsrath, welcher neun ordentliche und sechs außerordentliche Räthe, fast alle Laien, zählt, und eine Staatsconsulta für die Finanzen. In den

Provinzen ruht die Administrativgewalt in den Händen der Präsidenten, denen eine Regierungs-Congregation, bestehend aus vier Räthen vom Laienstande, zur Seite steht. Ferner ist einem Provinzialrathe, welcher so viele Mitglieder hat, als es Gemeinden giebt, die Verwaltung der Güter, Einkünfte der Provinz, der Spitäler u. s. w. übertragen. Die Communalverwaltung geschieht durch einen Gemeinderath von 36, 30, 24, 16 oder 10 Mitgliedern. Die Gemeinderäthe werden zu zwei Drittheilen aus den Grundeigenthümern und zu einem Drittel aus den Industriellen, Kapitalisten, Gelehrten u. s. w. gewählt. Die Einrichtung in der Stadt Rom ist insofern von der der übrigen Städte verschieden, als daselbst ein Senat von hundert Mitgliedern besteht, von denen 64 aus den Eigenthümern, 32 aus solchen, welche freie Künste oder Wissenschaften betreiben, oder Inhaber wichtiger Aemter sind, aus den Banquiers und Kaufleuten, welche Mitglieder der Handelskammer sein können, und 4 von der Regierung und dem Cardinalvikar gewählt werden. Hieraus mag man ersehen, was von der Beschuldigung zu halten ist, daß die Gemeinden des Kirchenstaats nur Sclaven in den Angelegenheiten der inneren Verwaltung sind. Ein Tagesblatt in Frankreich dagegen bekannte, daß die römische Gemeinde freier sei als die französische.

V.

Neben der Verwaltung ist die Civil- und Kriminalgerichtsbarkeit des Kirchenstaats in den Parlamenten und in der Presse ein Gegenstand beständiger Polemik. So lassen wir denn einen unparteiischen Beurtheiler, den genannten Grafen Rayneval sprechen. Derselbe sagt in dem Berichte an den französischen Minister:

„Das bürgerliche und peinliche Gesetz ist Gegenstand der vollkommensten Revision gewesen. Verschiedene Code des Verfahrens in der Civil- und Kriminalordnung, wie auch ein Handelscoder, alle gegründet auf die unfrigen, und bereichert mit den Lehren der Erfahrungen, sind verkündigt worden. Ich habe sie sorgfältig studirt. Sie sind erhaben über die Kritik. Das Gesetzbuch über das Hypothekenwesen wurde von französischen Rechtsgelehrten geprüft und ist von ihnen als ein musterhaftes Document citirt worden. Das römische Recht, modificirt in einzelnen Theilen durch das kanonische Recht, ist zur Grundlage der Civil-Gerichtsbarkeit gemacht worden". Besser konnte die gegen die päpstliche Gerichtsbarkeit geschleuderte Lüge nicht aufgedeckt werden. Selbst Galeotti, der Freund Cavours, wurde der Verfechter der römischen Justiz. Er gesteht es, daß an der päpstlichen Regierung viele guten Seiten sind, daß sie Institutionen habe, welche für die übrigen italienischen Provinzen ein Gegenstand der Eifersucht sein könnten. Das Hypothekengesetz ist nach seinem Urtheile das vollkommenste von allen, welche in anderen Ländern über diesen Gegenstand in Anwendung sind. Die Civilgerichtsbarkeit wird hier schnell und nicht theuer verwaltet. Die Sachen, welche Eile fordern und die von einem Werthe bis zu 200 Scudi, werden besonderen Laien-Richtern übergeben, deren Zahl, mit Ausschluß der Hauptstadt, 180 beträgt, welche in den Hauptgemeinden und Hauptörtern der Provinz zerstreut sind. Die Sachen, deren Betrag 200 Scudi übersteigt, werden von den Collegialgerichten entschieden, welche, aus Civil-Beamten vom Laienstande zusammengesetzt, in den Hauptstädten der Provinz wohnen, und es sind deren achtzehn mit Ausschluß jener der Hauptstadt. Außerdem giebt es im Kirchenstaate drei Appellationsgerichtshöfe, gleichfalls aus Laien zusammengesetzt, wenn wir den Präsidenten und dessen Stellvertreter in dem von Rom ausnehmen. Als dritte und letzte Instanz besteht der Gerichtshof der heiligen Rota. Vorzüglich und unvergleichlich ist nach Galeotti unter den alten Institutionen die „Sacra Rota", welche leichte Aenderungen zum ersten Gerichtshofe Europas machen würden. Ihr Verfahren sei das beste und kann zum Vorbilde dienen, wie man die Gerechtigkeit für das Volk verwalte.

In Bezug auf das römische Heer sagt Graf Rayneval:

„Die Organisation der Armee ist ein Gegenstand unausgesetzter Sorgfalt gewesen. Nicht blos die eingeborenen Truppen haben Sold erhalten und sind auf 12,000 Mann gebracht worden, sondern auch ein Corps von 4000 Schweizern ist formirt worden und man hat ein neues Reglement nach dem Vorbilde des bei uns gebräuchlichen eingeführt. Die für unsere eigenen Truppen befolgten Prinzipien der Verwaltung sind angenommen und durchgeführt worden".

Was die Finanzen betrifft, so ist nicht minder bemerkenswerth, was der französische Botschafter zur Beschämung der Verleumder berichtet hat:

„Die römische Republik hat ihren Ausgaben zu Hilfe zu kommen gesucht durch die Schaffung von Papiergeld, welches bald eine bedeutende Entwerthung erlitt. Die päpstliche Regierung hat nicht gezögert, diese Assignaten anzuerkennen, und hat sich der Aufgabe unterzogen, durch Ankauf derselben sie aus der Circulation zurückzuziehen. Die Operation ist gelungen, obgleich die Summe sehr beträchtlich war. Sie erhob sich auf 7 Millionen Scudi, d. i. auf etwas mehr als das jährliche Staatseinkommen... Die Assignaten sind jetzt völlig aus der Circulation verschwunden, und die Billets der Bank des Kirchenstaates, die einzigen, welche heute im Umlaufe sind, haben den nämlichen Werth, wie die Geldmünzen und stehen im Allgemeinen al pari: Dieses bemerkenswerthe Resultat wird von den Verleumdern der päpstlichen Regierung für nichts betrachtet".

„Die römische Bank, eine französische Stiftung, entsprach den Bedürfnissen des Handels nur sehr unvollkommen. Sie wurde modificirt und ist seitdem die Bank des Kirchenstaates geworden"....

„Die päpstliche Regierung richtete mit großer Sorgfalt ihr Augenmerk auf die Mittel, den Ertrag der indirekten Abgaben zu erhöhen, und hat die Gesetze über die Douanen einer Revision unterzogen. Sie hat die Zölle in Betreff einer großen Anzahl von Artikeln herabgesetzt und beschäftigt sich in diesem Augenblicke mit der Vorbereitung einer neuen Maßregel, welche vollständiger und umfassender in ihren Wirkungen sein wird".

„Post= und Handelsverträge sind mit Frankreich und andern Staaten auf der breitesten Basis und im Einklange mit jenen Principien geschlossen worden, welche anderswo als gleichbedeutend mit den Ideen des Fortschritts gelten. Das System, die indirecten Einkünfte zu verpachten, ist abgeschafft worden. Die Regierung hat in ihrer eigenen Hand die Verwaltung des Handels mit Salz und Tabak. Wichtige Verbesserungen sind durchgeführt worden und der Erfolg der Verwaltung ist gesichert".

„Ungeachtet der beträchtlichen Lasten, welche durch die Revolution verursacht und der jetzigen Regierung vermacht worden sind, trotz der außerordentlichen durch die Wiederherstellung der Armee verursachten Ausgaben, trotz der zahlreichen den öffentlichen Arbeiten gegebenen

Ermuthigungen hat der Stand des Budget, welcher im Anfang ein sehr beträchtliches Deficit nachwies, mehr und mehr sich der **Ausgleichung genähert."** .

„Ich habe kürzlich die Ehre gehabt, Eurer Excellenz zu bemerken, daß das Deficit im Jahre 1855 auf eine unbedeutende Summe reduzirt worden ist, welche großentheils von den unvorhergesehenen Ausgaben und den auf die Tilgung der Schuld verwendeten Kapitalien herkommt".

„Die Abgaben sind immer **weit unter dem mittleren Durchschnitte der verschiedenen europäischen Staaten.** Ein Römer zahlt jährlich dem Staate 22 Franken, da die 3 Millionen Einwohner 68 Millionen Franken zahlen. Ein Franzose zahlt der französischen Regierung 45 Franken, da 35 Millionen 1600 Millionen Franken bezahlen. Diese Zahlen zeigen **auf eine unbestreitbare Weise, daß der Kirchenstaat unter diesem wichtigen Gesichtspunkte betrachtet werden muß als einer der am besten gestellten in Europa.** Die Ausgaben sind nach den **Grundsätzen der größten Sparsamkeit** geregelt. Eine einzige Thatsache reicht hin, dieses zu beweisen".

„Die Civilliste, die Ausgaben für die Kardinäle, das diplomatische Corps im Auslande, die Kosten der Unterhaltung der päpstlichen Palläste und Museen, all' das zusammen erfordert von dem Staate nicht mehr als die Summe von 600,000 Kronen (3,200,000 Franken). Diese kleine Summe ist die einzige Art von Staatsgeldern, die der Papst in Anspruch nimmt, um die päpstliche Würde zu wahren, und um die wichtigsten Anstalten der höheren kirchlichen Verwaltung zu unterhalten. Wir könnten jene Personen, die so großen Eifer in der Verfolgung der Mißbräuche zeigen, fragen, ob die Anweisung von 4000 Kronen für die Bedürfnisse der Kirchenfürsten ihnen das Geheimniß eines Systems der Oekonomie in sich zu tragen scheine, das im Verhältnisse zu dem Staatseinkommen gesetzt ist". Was wird Graf Cavour zu dieser glaubwürdigen Apologie der Römischen Finanzverwaltung gesagt haben? Konnte er die Wahrheit der Angaben in Abrede stellen? Sie kamen aus offizieller Feder und waren ein harter Schlag auf die diplomatische Unredlichkeit. Doch vernehmen wir noch den Bericht Rahneval's über die öffentlichen Arbeiten: „Eine große Anzahl von Straßen wurde auf verschiedenen Punkten des Landes eröffnet, der Hafen von Terracina ist erweitert, Arbeiten der Drainirung sind in den pontinischen Sümpfen ausgeführt worden. Der Sumpf von Ostia wird eben drainirt; Viaducte von bemerkenswerthem Umfange sind an verschiedenen Orten errichtet worden".

„Die Dampfschifffahrt wurde auf der Tiber eingeführt und mit Hülfe eines guten Systems der Schleppschifffahrt wurde der Hafen von Rom von einer bedeutenderen Anzahl von Schiffen als früher besucht".

„Die Stadt hat Gasbeleuchtung erhalten, elektrische Telegraphen sind eingeführt, Concessionen zu Eisenbahnen gegeben worden. Die Bahn von Frascati, welche sich bis Neapel ausdehnen wird, wird in Bälde dem Verkehre eröffnet werden. Verhandlungen sind angeknüpft für eine wichtige Linie, welche Rom mit Ancona und Bologna verbinden soll. Der Bau der Eisenbahn von Civita-Vecchia ist einer Gesellschaft concessionirt worden, welche sogleich ihre Arbeiten beginnen wird."

Nicht minder ist die Thätigkeit der Regierung in der Hebung des Handels und des Ackerbaues ein Beweis der Reformbestrebungen. Und das Gefängnißwesen, auf welches sich die Verläumdung insbesondere richtet, kann dem der anderen Staaten nicht nur zur Seite gestellt werden, sondern sogar zum Muster dienen.

„Aber die Priesterherrschaft?" Diese ist vor Allem der Stein des Anstoßes für die Diplomaten, das englische Parlament und die Presse. „Die ganze Führung der Geschäfte im Kirchenstaate ist ganz in der Hand der Priester": das ist die vielverbreitete Klage. Selbst der englische Premier, welcher seinen Gesandten und Agenten in Rom hat, und von welchem man daher eine Kenntniß des römischen Beamtenwesens erwarten sollte, macht es der römischen Regierung zum Vorwurfe, daß sie die ganze Administrativ- und Exekutiv-Gewalt dem Clerus überlasse. Und worauf reducirt sich diese Priesterherrschaft? Darüber giebt uns eine von der päpstlichen Regierung veröffentlichte Statistik einen Aufschluß. Danach zählte die ganze Verwaltung im Jahre 1856 7157 Beamte, wovon 6854 Laien und nur 303 Geistliche sind. Zu den letzteren sind aber noch 179 Kapläne gerechnet, welche nur geistliche Funktionen in den Gefängnissen und anderen Anstalten ausüben. Es beschränkt sich also die Zahl der Kleriker, welche ein nicht ausschließlich geistliches Amt inne haben, nur auf 124, was so viel ist, als ein Geistlicher auf 54 Laien. (S. Margotti S. 439—481 u. ff.) Das ist also das Schreckbild der Priesterherrschaft, welche den Laienstand von den Beamtenstellen ausschließe. Ist es Unkenntniß, welche dem römischen Clerus die ganze Exekutiv- und Administrativ-Gewalt beilegt? Aber warum fährt man denn in den Klagen darüber fort, nachdem die amtlichen statistischen Berichte über den Kirchenstaat wiederholt durch die Presse gegangen sind? Es fällt schwer, an eine Unredlichkeit der Gesinnungen und Bestrebungen zu glauben. Und doch bleibt keine andere Annahme übrig. Schon die Antwort des Staatssekretariats von Rom auf das Manifest von Rimini hat die Grundlosigkeit des Vorwurfes einer „rein klerikalen Verwaltung" so schlagend nachgewiesen, daß die Gegner Roms, wenn sie Ehrlichkeit besitzen, hätten Bedenken tragen sollen, den Vorwurf zu erneuern. „Es ist", heißt es daselbst, „für das erste leicht einzusehen, daß gegenüber der Gesellschaft die Priester die Eigenschaft der Bürger nicht verlieren, und daß es demzufolge sehr ungerecht wäre, sie von der Ausübung der bürgerlichen Rechte auszuschließen; darum kann nur von der geistlichen Gewalt, von der sie abhängen, die rechte Begränzung mit Beziehung auf einen der erwähnten Angestellten abhängen. Läßt man diesen unbestreitbaren Grundsatz zu, so bleibt zu bemerken, daß in allen Provinzen, wenn man von den Präsidenten derselben absieht, welche in den Legationen Kardinäle sind, und in den anderen Prälaten, welche jedoch eine Regierungs-Commission haben, die aus vier

Laien-Räthen mit den ihrem ehrenvollen Stande entsprechenden Emolumenten zusammengesetzt ist, die andern Gerichts-, politischen und Verwaltungsstellen ausschließlich im Besitze der Laien sind, mit den ihrem respektiven Range entsprechenden Besoldungen. Laien sind demnach die Gouverneurs in den Provinzen, Laien die Richter der Gerichte erster Instanz und der Appellationsgerichte, woraus folgt, daß alle Civil- und Kriminalsachen, welche von ihnen verhandelt werden, von den Geistlichen nicht behandelt werden. Wenn in der Hauptstadt, wo die erwähnten Angelegenheiten nicht nothwendig haben entschieden zu werden, ein aus Prälaten zusammengesetztes höheres Gericht besteht, sind übrigens daselbst viele Plätze von den Laien eingenommen, wie die des Capitoliums, der Regierung und der A. C.".

„Was aber am bemerkenswerthesten ist, ist dieses, daß in so vielen anderen ganz und gar kirchlichen Gerichten und Aemtern in großer Anzahl Laien angestellt sind, sogar in dem Gerichte des Generalvikars, der Inquisition, der apostolischen Dataria, des Sekretariats der Breven, der Propaganda fide und der Fabrik von St. Peter. Dazu füge man, daß in den Curien aller Bischöfe des Kirchenstaates Laien angestellt sind".

„Auf der andern Seite sind die Finanzen in so viele Zweige und Dicasterien eingetheilt, sie haben solchen Ueberfluß an Beamten, welche alle, von den höchsten bis zu den niedrigsten, Laien sind".

„Es ist wahr, daß einigen Kardinälen bedeutende Staatsämter anvertraut sind; aber außerdem, daß jeder Souverän in der Auswahl für solche Aemter frei ist, so ist es leicht einzusehen, daß die Kardinäle, durch ihre Eminenz so nahe dem päpstlichen Throne, in derselben Weise betrachtet werden, wie in den anderen Staaten die Prinzen von Geburt, welche wegen ihres hohen Ranges und des ausgedehnten Vertrauens, das sie einflößen, die erhabensten und wichtigsten Posten inne haben, und es ist gerecht, daß auch sie in dem Kirchenstaate zu gleichen Ehren zugelassen werden."

VI.

Wozu also das beständige Alarmgeschrei gegen die „klerikale Regierung" des Kirchenstaates, welche jeder Reform unzugänglich sei? Die bei weitem meisten Beamten sind Laien. Nach dem Berichte des französischen Botschafters ist die römische Regierung mit zahlreichen Reformen beschäftigt, besteht der Staatsrath aus den erprobtesten Männern, ist die Gemeindeordnung Gegenstand einer vollständigen Reform gewesen, entspreche am vollkommensten den Bedürfnissen und habe zahlreiche Fortschritte realisirt, — ist das bürgerliche und Kriminal-Gesetz Gegenstand der vollkommensten Revision gewesen, sind die neu verkündeten Code erhaben über die Kritik, ist das Gesetzbuch über das Hypothekenwesen nach dem Urtheile französischer Rechtsgelehrten ein musterhaftes Dokument, — ist der Organisation der Armee eine unausgesetzte Sorgfalt zugewendet, und sind neue Principien der Verwaltung angenommen und durchgeführt worden, — sind die Schulden, welche die Römische Republik gemacht hat, von der päpstlichen Regierung gedeckt, und die Gesetze über die Douanen einer Revision unterzogen worden, hat die Regierung die Zölle herabgesetzt, und beschäftigt sich mit der Vorbereitung einer neuen Maßregel, welche vollständiger und umfassender in ihren Wirkungen sein werde — sind Handelsverträge mit anderen Staaten auf der breitesten Basis abgeschlossen und in Bezug auf den Handel wichtige Verbesserungen durchgeführt worden, — hat trotz der beträchtlichen Lasten, welche durch die Revolution verursacht sind, und der außerordentlichen, durch die Organisation der Armee entstandenen Ausgaben der Stand des Budget sich der Ausgleichung genähert, sind die Abgaben weit unter dem mittleren Durchschnitte der europäischen Staaten und müsse der Kirchenstaat unter diesem wichtigen Gesichtspunkte als einer der am besten bestellten in Europa betrachtet werden*). Das ist also die „unheilbar schlechte" Regierung, welche alle „wohlgemeinten" Vorschläge der Verbesserungen zurückgewiesen hat? Das ist die „klerikale Regierung", welche das Sclavenjoch den Unterthanen endlich unerträglich gemacht, und durch ihre Starrheit und Unfähigkeit die jetzige Revolution hervorgerufen habe? Welche Reformen verlangt man denn? Etwa Zulassung der Laien zu Staatsämtern? Aber die Laien nehmen ja den größten Theil der Beamtenstellen ein. Oder größere Freiheit der Gemeinden? Aber die römischen Gemeinden sind freier als die der „liberalsten" Staaten. Oder eine bessere Gerichtsbarkeit? Die römische

---

*) Bemerkenswerth ist die Geschichte der Veröffentlichung jenes Berichtes, der gewissen Regierungen sehr ungelegen war und den man gern in das Grab bestaubter Acten gelegt hätte. Die „Oesterreichische Zeitung" berichtet über diesen Vorgang Folgendes: Als das französische Kabinet die Depesche von Rom erhielt, gegen Anfang des Juli, beeilte sich Graf Walewski eine Abschrift davon an das englische Kabinet zu senden, um es zu überzeugen, wie sehr der Graf Cavour die Uebelstände und die angeblichen Gefahren des Kirchenstaates in seiner Verbalnote übertrieben habe. Lord Clarendon, ungehalten darüber, daß der Graf Cavour, Minister eines Staates vom dritten Range, das Haupt der „Foreign-office" bloßgestellt hatte, schickte die Depesche des Grafen Rayneval, welche von Grund aus das sardinische „Memorandum" widerlegt, an das Turiner Kabinet, um ihm zu beweisen, daß England nicht die lächerliche Rolle in Italien spielen könne, welche ihm Piemont zuschieben wollte. Der Graf Cavour aber, der sich rächen wollte, daß er von England im Stiche gelassen wurde, benutzte die Verlegenheit des englischen Kabinets wegen der Motion von Cobden, und schickte die Depesche Raynevals an die „Daily News", um den englischen Fanatismus gegen das Papstthum zu erhitzen. Wir haben es also dem böswilligen Spiel der Minister gegen Minister zu verdanken, daß dieses wichtige Dokument, welches eine vollständige Ehrenrettung der päpstlichen Regierung enthält, zur Veröffentlichung gelangt ist.

Juſtiz kann anderen zum Muſter bienen. Oder eine beſſere Organiſation der Armee? Dieſe hat ſtattgefunden. Oder eine größere Pflege des Handels? Dem Handel wird die größte Sorgfalt zugewandt. Oder geringere Abgaben? In dieſem Punkte gehört der Kirchenſtaat zu den am beſten geſtellten in Europa. Es mag daſelbſt auch Mängel in der Verwaltung geben. Derjenige Staat möge aber den erſten Stein auf die päpſtliche Regierung werfen, welcher ſich keine Mängel vorzuwerfen hat. Zudem iſt es gerade die Diplomatie, welche durch ihre ungerechtfertigten Einmiſchungen eine weitere Durchführung von Reformen verhindert hat. Warum iſt man hinderlich geweſen? Will man andere Reformen? Etwa Reformen nach mazziniſtiſchem oder franzöſiſchem oder ſardiniſchem oder engliſchem Zuſchnitte? Können dieſe dem Kirchenſtaate zum Muſter bienen? Eine blos andeutungsweiſe Vergleichung möge die Antwort geben.

Man will das italieniſche Volk frei machen. Eine Grundbedingung der wahren Freiheit iſt die Ordnung, das Geſetz und der Gehorſam. Ohne ſie iſt die Freiheit nur Willkühr, Grauſamkeit, Immoralität, tyranniſche Pöbelherrſchaft. Einen Beweis hierfür liefert die römiſche Republik unter der „glorreichen" Regierung Mazzini's. Hören wir, was der „freiſinnige" Farini, gewiß ein unverdächtiger Schriftſteller, darüber berichtet: Es war die Zeit, in welcher alle Vermeſſenheit, alle Begierden, und alle Sorten von Ehrgeiz auf die Oberfläche ſtiegen: jedes Dorf entſandte ſeinen Philoſophen, welcher um den Preis rennen wollte; die Klugheit und die Wiſſenſchaft waren verflucht als verdammte Ariſtokratie; das reife Alter erregte Verdacht; laufe, was laufen kann; der Preis war für die Halsbrecher. Durch die Wahlen auf Staatskoſten auf dem Kapitol ſtärkten ſich die Eifrigen; man machte eine Veränderung in der Weiſe der Abſtimmung, und alles gelang nach dem Wunſche der Klubbs. Mittlerweile gerirten ſich die Regenten als Diktatoren, und am 20. Januar ſetzten ſie eine militäriſche Commiſſion ein, mit der Vollmacht, Urtheile ohne Berufung zu fällen, ſie im Verlaufe von 24 Stunden auszuführen, gegen jedes aufrührerische, wenn auch unausgeführte, Attentat, welches gegen das Leben oder Eigenthum der Bürger gerichtet wäre, oder das in irgend einer Weise die öffentliche, wirklich bestehende Ordnung zu untergraben die Tendenz hätte. So zogen sie unter der Versicherung, eine schrankenlose Freiheit geben zu wollen, vor ihr Gericht die „Tendenzen", die Herrschaft der Umsturzmänner umstürzen zu wollen. Mit hinterlistigen oder wüthenden Beschuldigungen wurden die Deputirten denuncirt, welche ihre Stimmen gegen die Republik abgegeben hatten. Beschimpft und thätlich angegriffen wurden die Bedienten mit Livreen auf den Kutschen auf dem römischen Corso. Die Priester, der Adel und die Reichen wurden verfolgt. Ermordungen fanden auf offener Straße statt. Das Parlament war so zusammengesetzt: einige armselige und verrufene Menschen, zahlreiche Buben, viel Enthusiasmus, viel Thorheit, wenig politischer Verstand. Es wurde ein Zwangsanlehen mit einem dummen und harten Gesetze auferlegt. Neue Tresorscheine für 251,595 Scudi wurden geschaffen, und eine Vermehrung der Taxe (Quote) von 25 auf 100 bei allen jenen verordnet, welche in Zeit von 6 Tagen nicht die erste fällige Rate der Zwangsanleihe bezahlen würden. Mazzini selbst stand in vertraulichen Beziehungen mit Schurken. Welches Glück die römische Republik, von welcher hier nur dürftige Züge entworfen sind, dem Volke gebracht hat, kann man aus der einen Thatsache ersehen, daß Rom im Jahre 1848 noch 179,000 Einwohner zählte, und im Jahre 1849 nur 166,744. — Und Angesichts dieser Thatsachen wagt es der edle Lord Palmerston öffentlich zu behaupten, daß Rom nie besser regiert wurde, als zur Zeit der Abwesenheit des Papstes! Soll etwa diese „beste" Regierung die verlangten Reformen geben? Das italienische Volk kann sich nach der Erneuerung dieser Schreckensherrschaft nicht sehnen. Und doch wird so eifrig darauf hingearbeitet, um den Kirchenstaat in die Hände derselben Umsturzmänner zu überliefern. Und wenn diese nicht zugelassen werden, vielleicht soll das französische Regiment reformiren?

Die bejahrten Bewohner des Kirchenstaates denken noch an jene

Zeit, als derselbe eine französische Provinz war, und dürften wenig
Lust zeigen, das „Joch" der päpstlichen Regierung gegen die Freiheiten
der französischen Herrschaft zu vertauschen. Es genüge nur an das
Strafgesetzbuch Napoleons I. für das Königreich Italien
zu erinnern. Dieses Gesetzbuch bestimmt die Leibes- und infamirenden
Strafen: den Tod, lebenslängliche Zwangsarbeit, Deportation, Straf-
arbeiten auf eine Zeit lang, die Einsperrung. Die Brandmarkung und
die Confiskation der Güter können nur bei einer Leibesstrafe, in den
von dem Gesetze bestimmten Fällen, ausgesprochen werden. Jeder zum
Tode Verurtheilte wird enthauptet werden. Wer zur Strafe der le-
benslänglichen Zwangsarbeit verurtheilt ist, wird auf dem öffentlichen
Platze in der rechten Schulter das Brandmal des glühenden Eisens
erhalten. Jeder Italiener, welcher die Waffen gegen das Königreich
getragen hat, soll mit dem Tode bestraft werden. Seine Güter sollen
eingezogen werden. Die Verschwörung gegen das Leben oder die Person des Königs wird als Vatermord bestraft, indem damit zugleich die
Konfiskation der Güter verbunden war. Der Schuldige wurde an den
Ort der Hinrichtung geführt, im Hemde mit bloßen Füßen, das Haupt
mit einem schwarzen Schleier verhüllt, er wurde ausgestellt auf dem
Schaffot, während ein Huissier vor dem Volke das Verdammungsurthei
las, sodann wurde ihm die rechte Hand abgehauen, und er unmittelbar
darauf enthauptet. (S. das Nähere darüber bei Margotti S. 285 —
297). Soll etwa die Reformirung des Kirchenstaates durch die Wie-
dereinführung dieses Gesetzbuchs bewirkt werden? Oder glaubt
man, daß der reformirende Arm Napoleons III. eine größere Freiheit
und ein größeres Glück bringen werde? Ist denn die französische Nation unter seinem Scepter frei und glücklich? Sie ist zum Ruhme gelangt, dabei seufzt sie aber unter dem Drucke der Despotie. Dasselbe
Schwerdt, welches für die „Freiheit" fremder Völker gezogen wird,
dient zur Ertödtung der Freiheit in dem eigenen Volke. Cayenne
wird immer mehr bevölkert, jeder politisch Verdächtige ist der Gefahr
der Deportation ausgesetzt; jede der Regierung mißliebige, wenn auch

gerechtfertigte Kundgebung wird erstickt, die Tagespresse wird ein Abklatsch des Moniteur, oder geht durch „Verwarnungen" ihrem Untergange entgegen, die Schuldenlast häuft sich, — und das Elend nimmt zu. Im Jahre 1854 sind nach amtlichen Berichten 70,000, und 80,000 im Jahre 1855 aus Mangel an Lebensunterhalt gestorben. Ist also Napoleons Scepter zu Reformen im Kirchenstaate geeignet, wenn er die freie Entwickelung in der eigenen Nation niederhält? Sollen etwa die Geißelschläge französischer Despotie das Ziel der diplomatischen und revolutionären Bewegung sein? Nein, das italienische Volk wird sich an ein „Vive l'empereur" nicht gewöhnen können.

Aber Sardinien, dieses freie, glückliche, aufgeklärte Sardinien, welches so liebevoll seine Arme nach Mittel-Italien ausstreckt, und unter den größten Anstrengungen auf die Einverleibung der insurgirten Staaten hinarbeitet — ja, von Piemonts Fluren wird gewiß der weite Strom socialen Glücks die letzten traurigen Reste der thrannischen Priesterherrschaft hinwegschwemmen? Allein kann denn wirklich Piemont als ein liberaler Musterstaat gelten? Welche Freiheiten genießen denn dort die Gemeinden? Lorenz Valerio sagte in der Deputirtenkammer vom 13. März 1857: „Die Freiheiten der Gemeinden in Piemont! Höret. Wenn eine Gemeinde ein öffentliches Werk unternehmen will, wisset ihr, wie vielen Schritten oder wie vielen Bemühungen sie sich unterwerfen muß? Ich habe sie gezählt: es sind 21 Operationen, denen ein Gemeinderath sich unterziehen muß, um das zu erlangen, was er für seinen Bezirk für gut erachtet". Zur Freiheit gehört ferner vor Allem die Sicherheit der Person und des Eigenthums. Welche Sicherheit gewährt aber das freie Piemont? Ein Deputirter sagte in der Kammersitzung vom 24. Mai 1854, daß in allen Gemeinden sich mehr oder weniger öffentliche Aufkäufer der Diebstähle befinden. Und nach dem Berichte des Redakteurs der in Turin erscheinenden „Armonia" ist es eine Thatsache, daß in Piemont überall Räuber sind, Räuber in den Städten, Räuber auf dem Lande, Räuber, die am Tage rauben, Räuber, die in der Nacht rauben; man raube in den Kirchen, auf den öffentlichen Plätzen, und sogar in den Gerichtssälen: man raube den Reichen und den Armen, den Adeligen und den Plebejern: es wurde den Richtern, welche die Gerechtigkeit verwalten, sogar die Gerichtsuniform hinweggestohlen! Ist das eine Frucht der Freiheit Piemonts? Oder kann etwa Sardinien in administrativer und finanzieller Hinsicht dem Kirchenstaate als Vorbild dienen? Margotti giebt uns auf Grund offizieller Dokumente folgende Vergleichung: Die Kosten für die Rectificirung und Eintreibung der Steuern betragen im Kirchenstaate 12,90 Prozent, und in Sardinien 14,39 Prozent. Die Dotationen im Kirchenstaate sind 2,612,266 L., in Sardinien 4,765,370 L. Die öffentliche Schuld im Kirchenstaate repräsentirt ein Kapital von 118 Lire auf den Kopf, in Sardinien 139 L. auf den Kopf. Das Deficit des Budget im Kirchenstaate verursacht eine jährliche Auflage von 22 L. auf den Kopf, in Sardinien 29 L. Im Kirchenstaate wurde in zehn Jahren eine Summe von 9,830,137 L. an außerordentlichen Einnahmen erfordert, um die ordentlichen Einnahmen zu ergänzen, in Sardinien eine Summe von 81,447,571 L. Von 1853 bis 1857 verminderten sich im Kirchenstaate die ordentlichen Ausgaben um 5,048,965 L., in Sardinien vermehrten sich in der gleichen Zeit die Ausgaben um 12,864,392 L. In demselben Zeitraume verminderten sich im Kirchenstaate die Auflagen um 165,413 L., und vermehrten sich in Sardinien die Auflagen um 28,669,645 L. Schwerlich dürften sich die Bewohner der Romagna nach der Schuldenlast und der schlechten Finanzwirthschaft Sardiniens sehnen. Wohl giebt es hier eine Freiheit, welche der Kirchenstaat nicht kennt, aber es ist eine Freiheit des Unglaubens, der Zügellosigkeit, der Diebstähle, des gemeinen und offiziellen Raubes — und diese kann Italien nicht beglücken.

Fragen wir endlich, ob etwa England berechtigt ist, sich zum Schirmvogte fremder Völker zu machen. O zunächst sollten die englischen Politiker, die über die Freiheit Italiens deliberiren und auf Meetings unter Porterrank ein „pereat" der Tyrannei der „Priesterherrschaft" zurufen, ein dreimaliges „mea culpa" stöhnen, ehe sie mit geballter Faust der päpstlichen Regierung ein „culpa" entgegendonnern. Denn noch niemals hat ein Staat die heiligsten Rechte eines Volkes so sehr mit Füßen getreten, als England die Rechte Irlands. Das in England eine so große Rolle spielende Blaubuch sollte auf der ersten Seite die Geschichte Irlands enthalten, sollte mit umflorter Schrift für die Nachwelt das Geständniß des „mea maxima culpa" aufbewahren: daß, wenn die englische Regierung auch durch die haarsträubendsten Verfolgungen den schutzlosen Irländern nicht das heiligste Gut, die Religion, zu rauben vermochte, sie es doch mit ihrem Aussaugungsprinzip, den einst begüterten Einwohnern das irdische Gut zu entreißen, verstand, so zwar, daß, wie ein protestantischer Pastor anführt, 4000 irländische Bewohner zusammen nur einen Karren, einen Pflug, sieben Tischgabeln, drei und neunzig Stühle, sieben und zwanzig Gänse, zwei Matrazen, acht Strohsäcke, acht kupferne Leuchter, drei Taschenuhren, eine Schule, einen Priester, gar keine Hüte, keine Stiefel besitzen.

So zu beglücken, versteht die päpstliche Regierung freilich nicht. Wahrlich wenn etwa in dem Unterdrückungssystem die Politik der Freiheit besteht, dann ist ohne Zweifel der Kirchenstaat durch den politischen Glanz des befreienden Englands in den tiefsten Schatten gestellt.

Mit Recht hat daher der Deputirte Bowyer, als in dem englischen Parlamente die wüthendsten Denunziationen gegen den Kirchenstaat ausgesprochen wurden, dem Lord Russel erwidert: „Warum wollen wir uns in die inneren Angelegenheiten anderer Länder mischen? Wir müßten vorher unsere eigenen Uebelstände beseitigen, ehe wir unser Augenmerk auf fremde Uebelstände richten. Die Reformatoren der Verwaltung waren vielmehr in der letzten Zeit sehr saumselig. Sie ließen sich von der melodischen Stimme des edlen Lord, des Hauptes der Regierung, verführen. Sie eilten herbei zur Hilfe des edlen Lord in der Debatte über Kars; als sie aber noch in ihrer früheren Stellung waren und emancipirt von sklavischer Lobhudelei, pflegten sie Dinge zu sagen, welche einer Verurtheilung der Leitung der auswärtigen Angelegenheiten gleichkamen. Ich wiederhole es, daß wir den Mängeln und Mißbräuchen unserer eigenen Verwaltung abhelfen müssen, ehe wir uns in die Verwaltung anderer Länder einmischen.... Es ist gut, um die Reform der Einrichtungen der festländischen Kirche sich zu bekümmern; aber werfet doch einen Blick auf die Staatskirche in Irland. Ein ungeheures Gebäude, erhalten im Ueberfluß und Prunk zu Gunsten nur eines Bruchtheils des Volkes, während Millionen ihren eigenen Clerus mit dem Schweiße ihres Angesichts erhalten müssen. Das ist die beständige Beschwerde von Irland, und ein Skandal für die Civilisation des Jahrhunderts. Was aber anbetrifft die Grausamkeit, müßten wir uns erinnern, wie viele wir auf den jonischen Inseln erschossen, gepeitscht und gehängt haben, ehe wir ein Urtheil über die Härte des Verfahrens anderer Nationen aussprechen. Als der Papst nach einer furchtbaren Revolution — einer Schreckensregierung — in sein Land zurückkehrte, wurden einige politische Verbrecher auf kurze Zeit eingezogen, und den andern mitgetheilt, daß sie das Land verlassen könnten, Keiner aber wurde hingerichtet. Wir dürfen auch nicht vergessen, was in Indien geschah. Wie konnten doch unsere englischen Politiker andere Länder angreifen, ihnen Gesetze und Zustände vorwerfen, welche nicht im Entferntesten Thatsachen gleichen, welche uns über die Folter in Indien aufgedeckt wurden?" — Was aber den Lord Palmerston, welcher durch seine Reformpläne den Contingent beunruhigt, betrifft, so ist charakteristisch, was die „Times" über ihn sagt: „Es ist eine allgemeine Annahme in England und im Auslande, daß die thätige Sympathie, welche Lord Palmerston für die extremen freisinnigen Richtungen in einigen fremden Ländern zu haben affektirt, einem gleichen Eifer für die freisinnigen Maßregeln im Innern entspreche: nichts ist unwahrer, Lord Palmerston giebt einen einleuchtenden Beweis seiner Abneigung gegen jede Reform, indem er sich lieber vom Ministerium zurückzog, als daß er das Reformprojekt des Lord Russel annehmen wollte." (Times, vom 16. Decbr. 1853.) Will der englische Premier reformiren, so hat er im eigenen Lande genug zu thuen. Er reformire das Gefängnißwesen, die Schuldenlast, das furchtbare Elend in den Handelsstädten, besonders in London, er stelle sich der Verthierung, in welche ein Theil der englischen Bevölkerung immer mehr versinkt, entgegen, ehe er an Reformen im Auslande denkt. Italien aber kann unter dem Einflusse der englischen Politiker nur ein zweites Irland werden.

VII.

Welche Rechtfertigung kann also die italienische Revolution finden? Sie wird verurtheilt durch das Recht, verurtheilt durch die Verkehrtheit der dabei zur Anwendung gebrachten Prinzipien, verurtheilt durch die Richtigkeit und Böswilligkeit der gegen die päpstliche Regierung vorgebrachten Denunziationen, verurtheilt durch die Unredlichkeit fremder Politiker, welche ihre Reformpläne dem Auslande aufdrängen wollen, während sie dieselben im eigenen Lande nicht zur Anwendung bringen, verurtheilt endlich durch das letzte Ziel. Denn welches ist das Ziel der revolutionären Bewegung in Italien? Zunächst sind die offenen Bestrebungen freilich nur auf eine Einigung Italiens und auf die Lostrennung der Romagna vom Kirchenstaate gerichtet. Man läßt sich durch die scheinbare Mäßigung, welche die Revolutionspartei zur Schau trägt, in einen Opiumrausch versetzen, und wiegt sich in die süßen Träume über das neue Völkerglück, welches sich durch die Einigung des freien Italiens aufbauen würde. Doch man scheint noch Nichts von der Geschichte gelernt zu haben. Man scheint auch die in Italien gährenden Elemente nicht zu kennen, oder will sie nicht kennen. Weiß man denn Nichts von den geheimen Gesellschaften, welche nicht das Königthum, nicht die Freiheit, sondern die Pöbelherrschaft und den Communismus wollen, und die jetzt unter den Aufregungen des italienischen Volkes ihre Thätigkeit verdoppeln? Oder glaubt man, daß der abentheuerliche Garibaldi, der „General" der Römischen Republik, sich jetzt zum Heros italienischer Volksfreiheit macht, um sich unter dem Scepter irgend eines Königs zu beugen? Oder werden sich die politischen Flüchtlinge, welche wieder den Kampfplatz Italiens betreten haben, auf das Machtwort der Diplomatie gehorsam zurückziehen, oder ihre socialen Ideen aufgeben? Hat die jetzige Bewegung nicht schon deutliche Zeichen mazzinistischer Gewaltherrschaft und Gräuelthat gegeben? Wird man die Entfesselung des Socialismus, welche man jetzt zuläßt, hernach beschwören können? Der Strom läßt sich nicht mitten im Laufe aufhalten. Und die schnelle Progression der italienischen Revolution hat man gesehen. Ist einmal der Damm zerrissen, so erwartet man vergeblich, daß die Strömung das enge Bett nicht überschreite. Noch drängen zwar die Empörer die Rufe der Republik und Anarchie zurück, weil sich unter dem Vorwande der Errichtung eines mittelitalienischen Königthums die Zwecke besser erreichen lassen. Ein revolutionäres Blatt sagt es offen: „Man kann nicht Alles auf einmal thuen." Jetzt huldigt man einem mittelitalienischen Reiche. Kann aber ein solches Königthum Bestand haben, welches durch die Gnade des Volkes entstanden ist? So lange freilich der König ein willenloser Träger der königsfeindlichen Demagogie bleibt, ist diese Regierungsform erwünscht. Aber mit der Zeit, vielleicht schneller, als man es vermuthet, wird die Krone, die sich die Demokratie aufgesetzt hat, lästig, und ungescheut wird man sie dann in den Schmutz der Anarchie werfen. Man täusche sich nicht. Man will, sagte ein italienischer Schriftsteller schon vor der Revolution, keine Einigung, sondern eine Einheit Italiens, wie sie seit der Römerzeit nicht mehr bestanden hat. Nicht Unabhängigkeit von fremder Herrschaft, auch die von den einheimischen Fürsten, eine Vernichtung aller conservativen Elemente, die Volkssouveränität, Neuerung in jedem Dinge, Umsturz einer jeden bestehenden Einrichtung ist der Götze, vor welchem der politische Freiheitsschwindel sein Knie beugt. Die Lockspeise der Einheit Italiens ist nichts weiter als ein anarchisches Gemenge des Socialismus. Mag immerhin der Kaiser Frankreichs durch die jetzige Bewegung eine Erweiterung der

napoleonischen Herrschaft erwarten, mag England in der Schwächung
des Continents durch die Revolution eine Stärkung seiner Politik und
seines Handels erblicken, mag Cavours Raubpolitik von einer Herrschaft über ganz Italien träumen — weder Frankreich, noch England,
noch Sardinien werden einen Gewinn davon tragen — sondern die
Anarchie allein. Namentlich haben die Deutschen keinen Grund,
die heutige Bewegung als eine Erweiterung des Liberalismus zu be-
grüßen. Der Sieg der gegenwärtigen Revolution wäre für Deutsch-
land die größte Niederlage, entweder eine Niederlage durch die
Anarchie vom Süden her, oder durch die fremde Gewaltherrschaft vom
Westen her. Auch die Polen, von denen einige die jetzige Bewegung
mit ihren Sympathieen begleiten, sind nicht berechtigt, von dieser Revolution ihr Heil zu erwarten. Denn das Princip der "vollendeten
Thatsache", durch welche die italienische Bewegung sanktionirt werden
soll, ist die kräftigste Apologie der vollbrachten Theilung
Polens. Nein, sowohl der Deutsche als der Pole hat von der Revolution in Italien nichts zu hoffen — wohl aber Alles zu fürchten,
zu fürchten für das politische und sociale Leben — und für den
Glauben.

VIII.

Ich sage: zu fürchten für den Glauben. Denn die heutige Bewegung ist nicht etwa nur ein Kampf gegen die weltliche Souveränität des Papstes, sondern zugleich ein Kampf gegen seine geistliche Souveränität, gegen die Kirche, gegen den christlichen Glauben überhaupt. Beachtenswerth ist das Schreiben des Direktoriums der französischen Republik, deren Devise: „Nieder mit der Infamen" war, v. 3. Februar 1796 an den General Bonaparte: „In Erwägung aller Hindernisse, welche sich der Befestigung der französischen Constitution entgegensetzten," heißt es darin, „scheine es, daß der römische Cult derjenige wäre, von welchem die Feinde der Freiheit nach langer Zeit den schädlichsten Gebrauch machen könnten". Die römische Religion sei immer eine unversöhnliche Feindin der Republik gewesen. Die Regierung habe nach Mitteln gesucht, unmerklich ihren Einfluß im Innern zu vermindern; aber ein wesentlicher Punkt, um zu diesem ersehnten Ziele zu gelangen, wäre erreicht, wenn es möglich wäre, das Centrum der römischen Einheit zu zerstören." Das Direktorium erklärte damit, 1) daß die katholische Kirche die unversöhnlichste Feindin jener mit Blut getränkten Freiheit ist, welche auf den völligen Umsturz der bestehenden Ordnung und auf die Vernichtung des Glaubens abzielt, 2) daß man das Centrum der katholischen Einheit zerstören, dem Papste die weltliche Herrschaft entziehen müsse, um jene Freiheit sicher zu stellen, 3) daß mit dem Falle jenes Bollwerks der Socialismus und der Unglaube zum Siege gelangt ist. Hierin finden wir eine Enthüllung der gegenwärtigen Pläne. Wie damals, so betrachtet auch heute der Socialismus und der mit ihm verbrüderte Unglaube mit richtigem Blicke die katholische Kirche mit ihrem Autoritätsprinzipe als die Trägerin des religiösen und politischen Conservatismus, und als die mächtigste Feindin aller umwälzenden socialistischen und irreligiösen Theorien. Die Untergrabung der Kirche wird daher für den sichersten Schritt zu einer heidnisch-socialen Republik gehalten. Und deshalb concentriren sich die Angriffe auf den Mittelpunkt des Katholicismus. Ist Rom gefallen, meint man, so ist die Feindin der „Freiheit" vernichtet. „Die weniger nachdenkenden Geister," sagt Granier de Cassagnac, „mußten nothwendig verwundert stehen bleiben vor einer Thatsache, die besonders seit einem halben Jahrhunderte klar geworden ist. Diese Thatsache ist die Wuth, womit die Revolutionäre die weltliche Stellung der katholischen Kirche verfolgen; der Haß gegen den Papst und gegen die Priester liegt in dem Grunde der Demagogie und des Socialismus, weil der religiöse Glaube, das Heiligthum der Familie und die Grundlage der sittlichen Ordnung, das unübersteigliche Hinderniß sind, an dem die furchtbare revolutionäre Fluth sich brechen muß. Studiret der Reihe nach die Leute, welche sich in die revolutionären Wagnisse gestürzt haben, und ihr werdet finden, daß alle offen mit dem Glauben gebrochen haben. Darum ist es natürlich, daß sie sich zu einem gemeinsamen Angriffe gegen die weltliche Macht der katholischen Kirche verbanden; ihre alte traditionelle und geregelte Herrschaft zu zerstören, hätte wenigstens den Erfolg, sie zu desorganisiren und ohnmächtig zu machen. Derselbe Grund müßte die Menschen und die Regierungen, welche sich der Erhaltung der Ordnung weihen, zu einem entgegengesetzten Zwecke vereinigen. (Vergl. Margotti S. 278—289.)

Aber welcher Weg erscheint als der geeignetste, um zum Ziele zu gelangen? Es giebt einen geraden und krummen Weg. Der gerade Weg, den man zuweilen einschlug, hat zu keinem Ziele geführt. Die Umsturzpartei wählt daher den krummen Weg. Im Jahre 1847 wurde sie die begeisterte Verfechterin der päpstlichen Macht, und erheuchelte Frömmigkeit, um dadurch den heil. Vater selbst in die Revolution hineinzuziehen, und den Papst durch den Papst zu stürzen. Der Plan mißlang. Ein anderer Plan ist entworfen. Die Revolution wird zunächst gegen die Fremdherrschaft gerichtet, sie erdrückt dann den Thron der mittelitalienischen Fürsten, verschlingt die Romagna, — der Papst wird schwach, die Revolution mächtig, noch mächtiger durch scheinbare Mäßigung, durch die eigennützigen Pläne einiger Regierungen und durch die Unfähigkeit der Diplomaten, — endlich wird der Papst aller materiellen Stützen beraubt, die Revolution wälzt sich nach Rom, die Pfeiler des Vatikans fallen um, die Tiara wird verbrannt, — das Erbtheil Petri ist durch die „vollendete Thatsache" und den „Volkswillen" von der Karte Europa's verschwunden, — und die Kirche, das ist der letzte Sieg, löst sich ohne ihren Einigungspunkt auf. Zwar verdeckt noch die sociale Umsturzpartei diese Pläne. Sie hält noch äußerlich an der Kirche fest. Sie fleht Gottes Allmacht an, damit Er ihr den Sieg verleihe. Sie feiert kirchliche Siegesfeste. Sie bedient sich der Religion als einer Maske, um den Einfluß auf das noch glaubensfeste Volk zu wahren. Sie wird aber ohne Scheu die Maske abwerfen und den offenen Unglauben hervortreten lassen, wenn sie sich genug gefestigt hat. Die jetzige Revolution ist nur eine Erneuerung der italienischen Revolution von 1849, nur daß man die Fäden jetzt feiner spinnt und ihr durch das Truggewebe eines mittelitalienischen Königthums eine gefälligere Form giebt. Und die Männer, die sich jetzt an die Spitze der Agitation gestellt haben, sind zum Theil dieselben, welche damals in Rom der katholischen Kirche den Krieg erklärt, welche den Papst, Priester und Mönche verfolgt und den katholischen Gottesdienst entwürdigt haben. Es werden daher auch alsbald wieder dieselben Erscheinungen zu Tage treten, um so mehr, als sie jetzt schon das Bekenntniß der Gottlosigkeit nicht mehr zurückhalten können. Das Gebet des Herrn und das apostolische Glaubensbekenntniß sind in eine gemeine Travestie umgewandelt, in welcher, im Einklange mit der Uhlich'schen Lehrweisheit, Christus und Napoleon auf die gleiche Stufe gestellt werden. Die Jesuiten werden vertrieben, Priester verfolgt. Sogar Juden haben sich im päpstlichen Staate erdreistet, die Klöster der Dominikaner und Minoriten anzugreifen.

Man glaube ja nicht, daß diese gottlose Strömung durch die Regierung Sardiniens gedämmt und in das rechte Bett werde zurückgeführt werden. Gerade bei ihr findet die Umsturzpartei eine Uebereinstimmung mit ihren antikirchlichen Bestrebungen. Und daher ist die Verbindung Piemonts mit der italienischen Bewegung eine weitere Bekräftigung dafür, daß die heutige Revolution ihren Kampf gegen die Kirche richtet. Sardinien steht schon seit langer Zeit in offener Feindseligkeit gegen den apostolischen Stuhl, und scheint es sich zur Aufgabe zu machen', die Kirche zu knechten. Im März 1848 wurden die Jesuiten als Gegner der nationalen Unabhängigkeit Italiens vertrieben. Durch das Unterrichtsgesetz vom 4. October 1848 wurde der ganze Einfluß der Geistlichkeit auf den höheren Unterricht vernichtet. 1849 fanden Confiskationen mehrerer Ordenshäuser, so wie des Seminars zu Turin statt. Der Erzbischof Franzoni wurde verhaftet und mußte sich hernach in's Exil begeben. Reduction der Bisthümer, Aufhebung der Klöster, Einziehung der Kirchengüter, Beschränkung der gottesdienstlichen Feierlichkeiten, strenge Beaufsichtigung der Geistlichkeit und ihrer Predigten, war das Programm der Regierung. Aus dem Budget von 1855 strich man ohne Weiteres alle Ausgaben für den Cultus. Am 9. Januar 1854 brachte der Minister Ratazzi, ein erklärter Feind der Kirche, ein Gesetz vor die Kammer, wonach Geistliche, die sich irgend wie tadelnd gegen Anordnungen des Staates aussprechen, mit den schärfsten Strafen verfolgt, die auf die Schmähung der katholischen Religion gesetzten Strafen dagegen bedeutend herabgesetzt werden sollen. In der Cholerazeit wurden Ordensleute mit der brutalsten Rohheit aus ihren Häusern vertrieben, um Spitäler zu errichten. Als die Cholera gewichen war, wurde keines dieser Häuser zurückgegeben. Das Gesetz vom 28. November 1854 hob endlich alle Collegiatstifte und das soge-

nannte Klostergesetz vom 2. März 1855 365 Klöster auf. (Siehe Her-
genröther in den Ergänzungen des Kirchen-Lexikons von Wetzer
und Welte S. 1086 und die hist. polit. Blätter Bd. 33 Heft 1,
Bd. 35 Heft 2 und ff.) Daß aber die Sardinische Regierung Willens
ist, ihre kirchenfeindlichen Gesetze auch in den acquirirten Ländern in
Anwendung zu bringen, hat sie bereits bei der Besitznahme der Lombardei bewiesen. Dabei begnügt sie sich nicht mit der Verfolgung der
Kirche im eigenen Lande, nein, ihre Angriffe sind direct gegen das
Oberhaupt gerichtet. Daher wurde sie die Anklägerin auf dem Pariser Congresse. Der Vater Tiber soll dem Po tributpflichtig werden,
und sich zugleich unter dem Joche eines kirchenfeindlichen Regiments
beugen.

Nicht minder beachtenswerth ist es zur Beurtheilung der heutigen
Wirren, daß die ganze kirchenfeindliche und radikale Presse, die vom
glühendsten Hasse gegen den Katholizismus erfüllt ist, der italienischen
Bewegung Weihrauch streut, und daß der Premier Lord Palmerston,
dieser glaubenslose Freund Mazzinis, die Protektion übernimmt.
Freilich hat England neben den Handelsinteressen hauptsächlich die
Protestantisirung Italiens im Auge. Daher werden ganze Schiffsla-
dungen Bibeln nach Italien gebracht, so daß Rosa Madiai allein
11,600 von England ausgesandte Bibeln unter den Katholiken vertheilt
hat, und darum werden die politischen Wirren genährt, um der Propaganda einen besseren Erfolg zu eröffnen. Aber man täuscht sich. Die
Propaganda kann, wie der protestantische Geschichtsschreiber Leo richtig
bemerkt, zwar den katholischen Glauben aus dem Herzen mancher Ita-
liäner herausreißen; aber ihren Glauben in deren Herzen einzupflanzen,
vermag sie nicht. Sie kann ihnen den christlichen Glauben rauben, ohne
einen Ersatz zu geben. Ihre Wirkungen sind nur der krasseste Unglaube,
und damit kann dem gläubigen Protestantismus nicht gedient sein.
Nein, da giebt es keine Mitte: entweder die katholische Kirche oder die
völlige Gottlosigkeit — und nach dieser ist das Streben der heutigen
Revolution gerichtet.

Und doch — an dem Felsen Petri läßt sich nicht rütteln. Wohl tritt wieder für die Kirche die Passionszeit ein, und oft mag der sichtbare Stellvertreter des durch die Bosheit eines verblendeten Volkes Gekreuzigten, beim Anblicke seiner nahenden Leiden mit dem Meister gerufen haben: „Mein Vater, wenn es möglich ist, so gehe dieser Kelch vor mir vorüber". Doch der Kelch soll geleert werden. Schon hören wir die Worte eines Mächtigen: Sehet den Menschen, was wollet ihr, daß ich mit ihm thue. Und Verblendete schreien: Kreuzige ihn, und Diplomaten sprechen: Er ist des Todes schuldig, und Sardinien urtheilt: Nach dem Gesetze des „Volkswillens" muß er sterben. Aber es giebt auch noch ein christliches Volk, welches den Ausspruch kennt: Wehe dem Menschen, durch welchen er verrathen wird. Es giebt noch Bischöfe und Priester, die da mahnen: Seid muthig und standhaft, denn gerecht sind die Gerichte Gottes — und mit der Gewißheit des endlichen Sieges kann der Nachfolger des h. Petrus sprechen: Ich werde auferstehen. Glückselig aber derjenige, welcher kein Aergerniß an mir genommen hat. Selbst wenn man das Loos über ihn werfen, ihn seines weltlichen Eigenthums berauben und auf den Besitz geistlicher Güter einschränken wollte: er bleibt Oberhaupt. Auch von den Katakomben und vom Kerker aus kann die Kirche regiert werden. Mag sich auch auf dem ganzen Erdkreise das Verfolgungsgeschrei gegen die Kirche erheben, blüthenreich wird die Kirche — dafür haben wir sichere Bürgschaften — aus dem Kampfe hervorgehen. Ja, das Grab, welches die politischen und religiösen Todtengräber der Kirche graben, wird deren eigenes Grab werden, über ihm zeigt sich aber die glanzvolle Wölbung der Kirche und auf der Spitze prangt noch immer das Kreuz. Das Kreuz ist ihr Zeichen des Kampfes und Leidens, aber auch die Fahne des Sieges.

Danzig, im Januar 1860.

L. R.